LES
MONUMENTS DE PISE

LES
MONUMENTS DE PISE

AU

MOYEN AGE

PAR

M. GEORGES ROHAULT DE FLEURY

ARCHITECTE

ATLAS

PARIS

A. MOREL, LIBRAIRE-ÉDITEUR

13, RUE BONAPARTE, 13

M DCCC LXVI
1866

A MONSIEUR THIERS

Monsieur,

La bonté avec laquelle vous avez accueilli mon premier travail sur Pise me fait espérer que vous voudrez bien en accepter le complément avec la même bienveillance. Je serais fier de le placer sous un si haut patronage et m'estimerais heureux d'offrir au glorieux défenseur de l'Église et de la liberté le souvenir de ces anciens arts qu'elles ont rendus si féconds.

Je viens donc encore vous soumettre ces nouvelles études, dans l'espoir que vous daignerez les agréer et qu'elles serviront de témoignage à ma vive reconnaissance et à mon profond dévouement.

Je suis avec respect, Monsieur, votre très-humble et obéissant serviteur,

Georges ROHAULT DE FLEURY.

Pise, 2 février 1866.

TABLE DES PLANCHES

ARCHITECTURE

PLANCHES.	
I.	Frontispice.
II.	Plan de la ville de Pise.
III.	San-Paolo-a-Ripa. — Façade. Plan.
IV.	San-Cassiano. — Façade. Plan.
V.	— Élévation latérale. Détails.
VI.	San-Pietro-a-Grado. — Coupe. Plan. Détails.
VII.	San-Frediano. — Façade. Plan.
VIII.	Cathédrale. — Plan de la place.
IX.	— Restauration des quatre édifices.
X.	— Plans.
XI.	— Élévation principale.
XII.	— Élévation latérale. Nivellement.
XIII.	— Élévation postérieure. Tombeau de Buschetto.
XIV.	— Coupe longitudinale.
XV.	— Coupe transversale. Détails.
XVI.	Santa-Agata. — Élévation. Plan. Détails.
XVII.	Église du Saint-Sépulcre. — Plan. Coupe. Élévation. Détails.
XVIII.	Baptistère. — Plans. Chapiteaux.
XIX	— Élévation et détails.
XX.	— Coupe. Cuve baptismale.
XXI	— Détails de la porte principale.
XXII.	Campanile. — Plans. Chapiteaux.
XXIII.	— Élévation.
XXIV.	— Coupe.
XXV.	— Détail de la porte.
XXVI.	— Détails de l'étage inférieur.
XXVII	— Détails de l'étage supérieur.
XXVIII	Tours servant d'habitation.
XXIX.	Maison du XIVe siècle. — Palais Gambacorti. Élévation.
XXX	Palais Gambacorti. Plan. Détails.

PLANCHES.	
XXXI	Maison en briques, du xive siècle, située sur le quai.
XXXII	San-Michele-in-Orticaia. — San-Pierino.
XXXIII	Saint-Nicolas. — Élévation restaurée.
XXXIV	— Campanile, coupe. Détails.
XXXV	Sainte-Catherine. — Élévation. Plan.
XXXVI	Saint-François. — Plan. Détails de la Tour.
XXXVII	Église de la Spina. — Élévation.
XXXVIII	— Plan et coupe.
XXXIX	Campo-Santo. — Élévation. Plan.
XL	— Coupe transversale. Vue perspective. Détails.
XLI	— Détails extérieurs.
XLII	— Détails intérieurs.
XLIII	San Michele-in-Borgo. — Façade. Détails.

SCULPTURE — PEINTURE

XLIV	Frontispice. — Bénitier de la Cathédrale.
XLV	Origines latine et byzantine de la sculpture.
XLVI	Origine arabe de la sculpture.
XLVII	Détails en géométral du Dôme.
XLVIII	Sculptures au Dôme.
XLIX	Sculptures au Dôme.
L	Porte de bronze.
LI	Sculptures au Dôme.
LII	— au Baptistère.
LIII	Chaire du Baptistère.
LIV	Ancienne chaire du Dôme (fragments).
LV	Chaire actuelle (vue perspective).
LVI	Diverses sculptures de Jean de Pise.
LVII	Tombeau de Gherardesca. — Divers.
LVIII	Spina. — Sculpture de Nino.
LIX	Autel en marbre peint. — Thomas de Pise.
LX	Peintures. — École byzantine.
LXI	Crypte de Saint-Michel.
LXII	Miniatures des xiie et xive siècles.
LXIII	San-Pietro-a-Grado. — Giotto. — Vicino.
LXIV	Orgagna.
LXV	Antonio Veneziano. — Spinello. — Benozzo-Gozzoli.
LXVI	Benozzo-Gozzoli. — Vue de Pise.

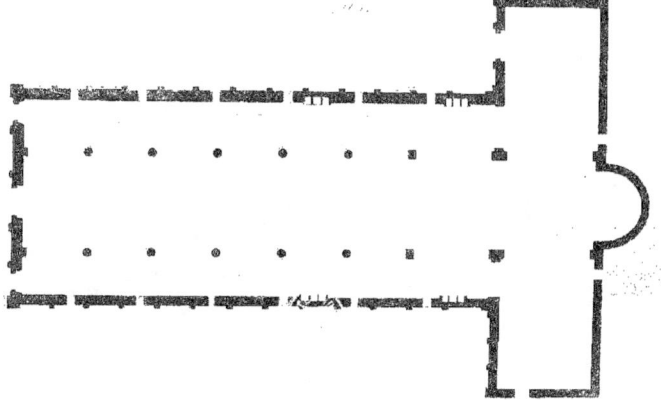

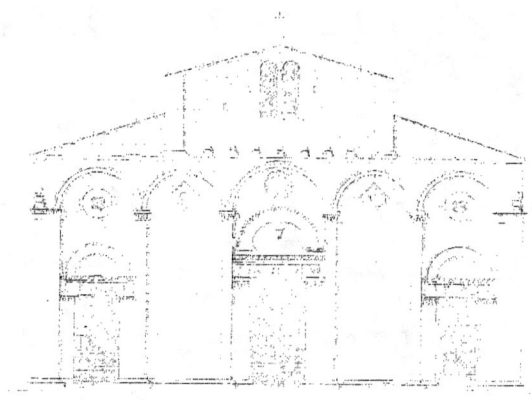

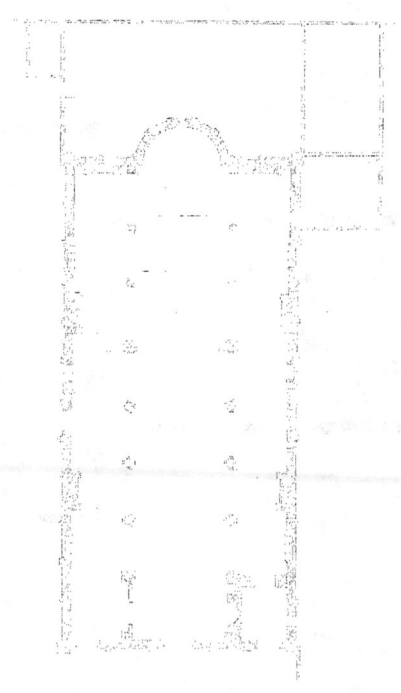

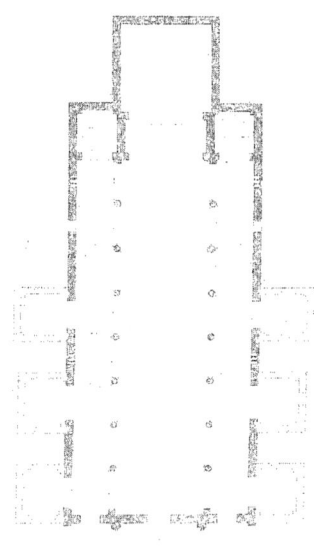

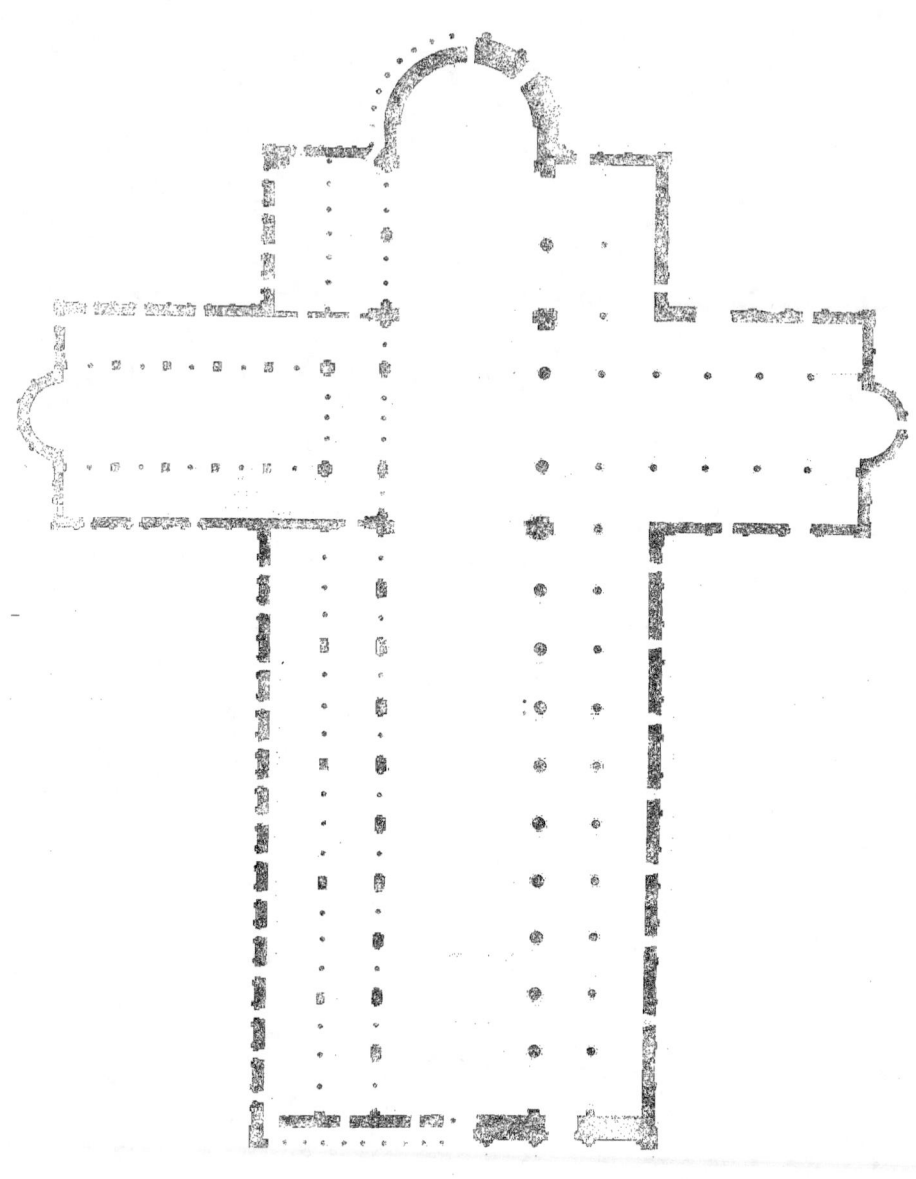

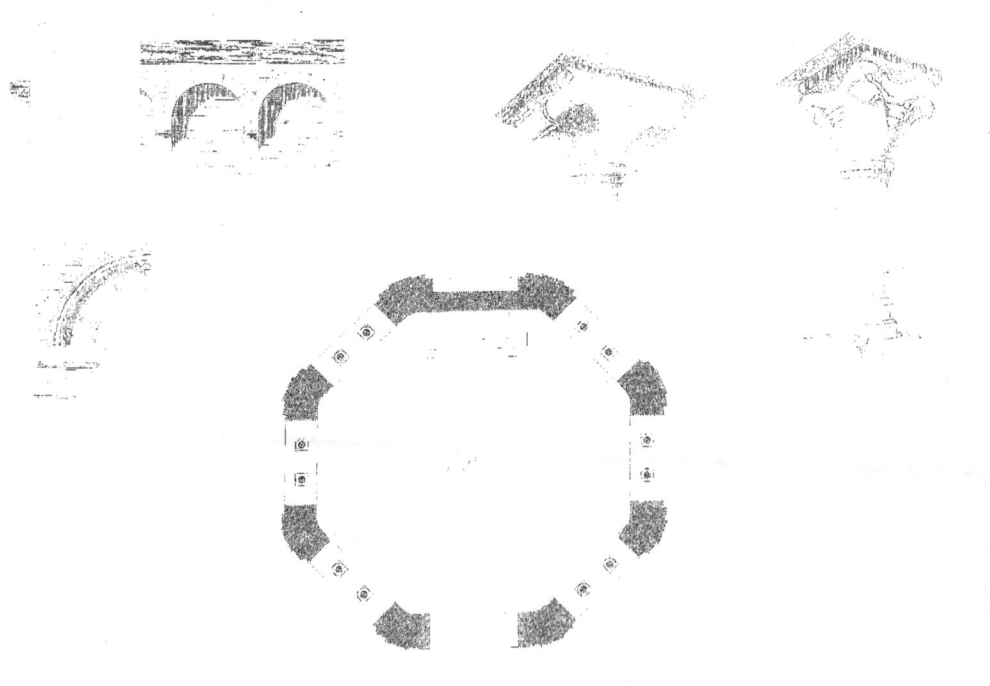

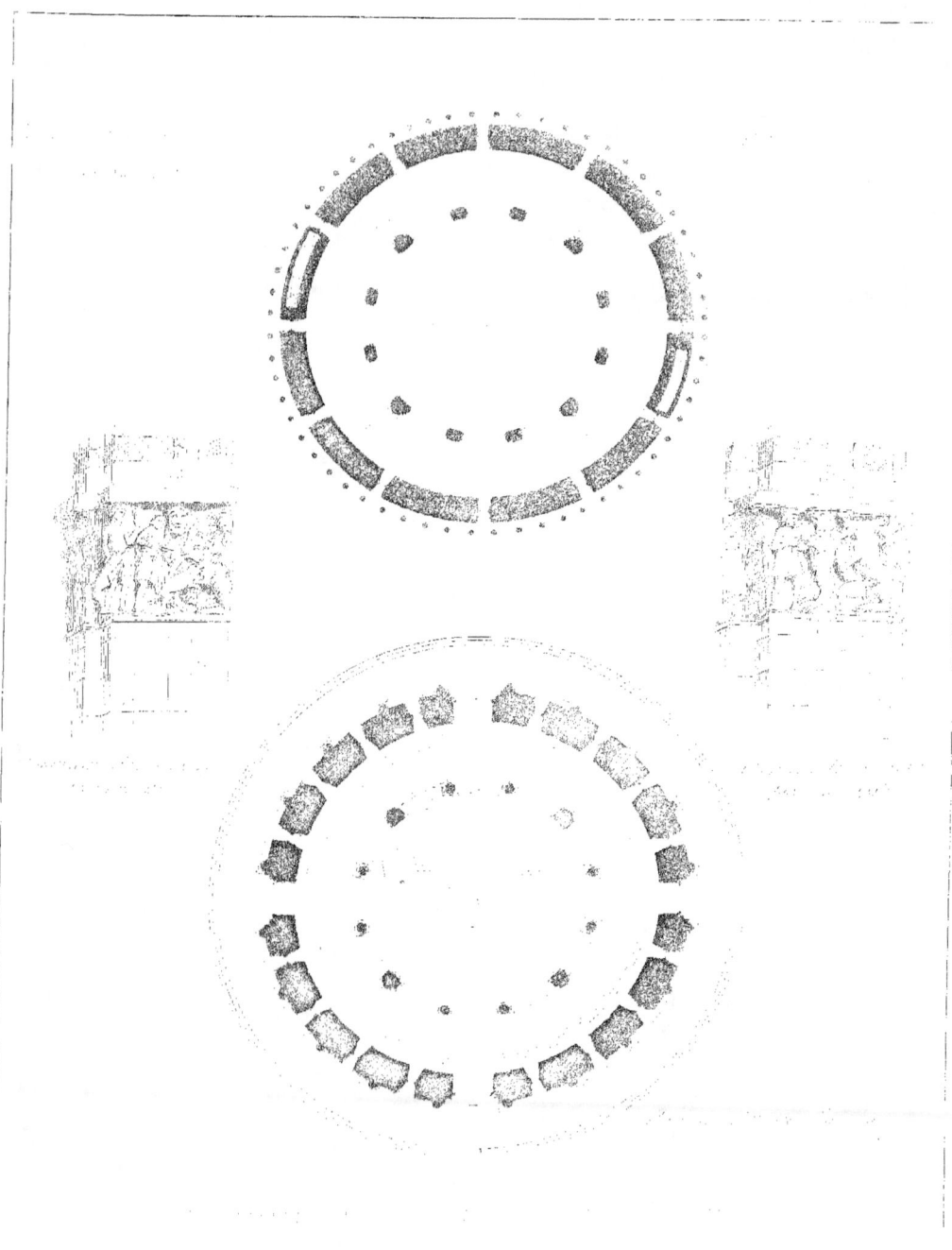

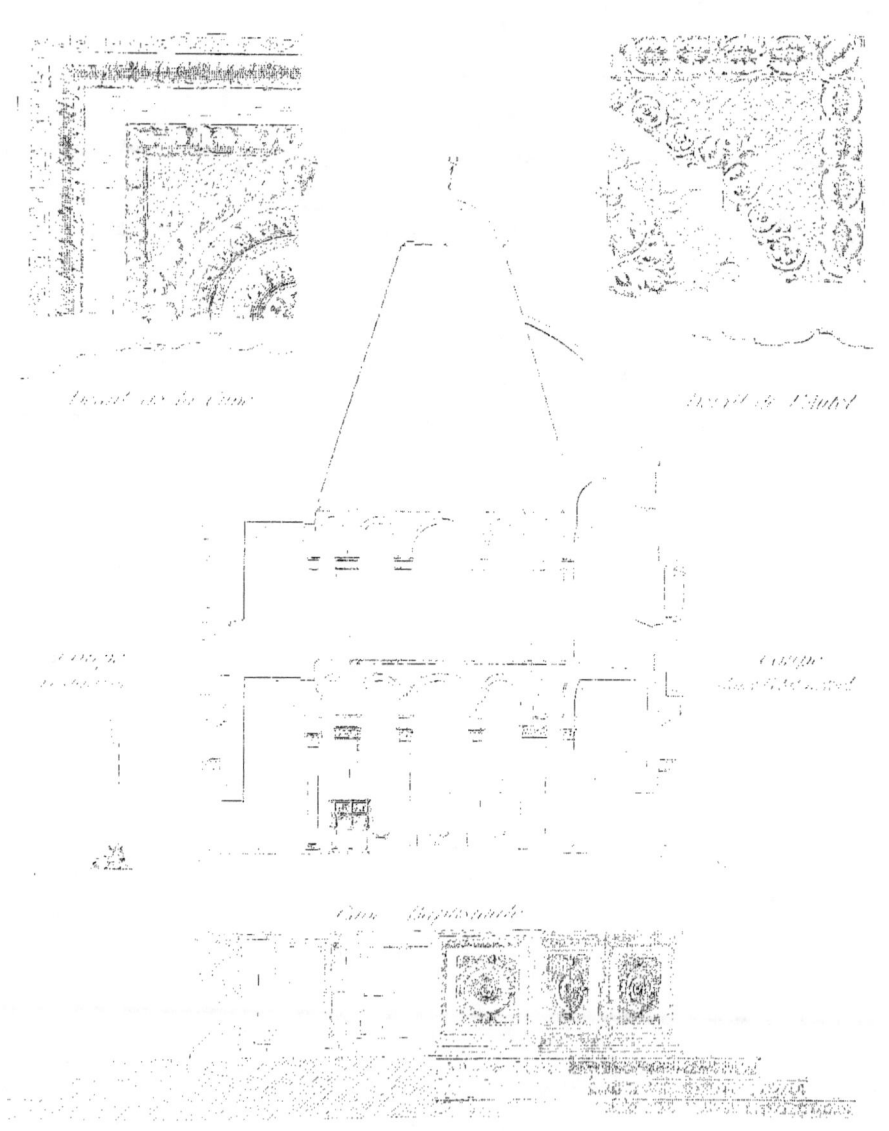

BAPTISTÈRE
Porte principale

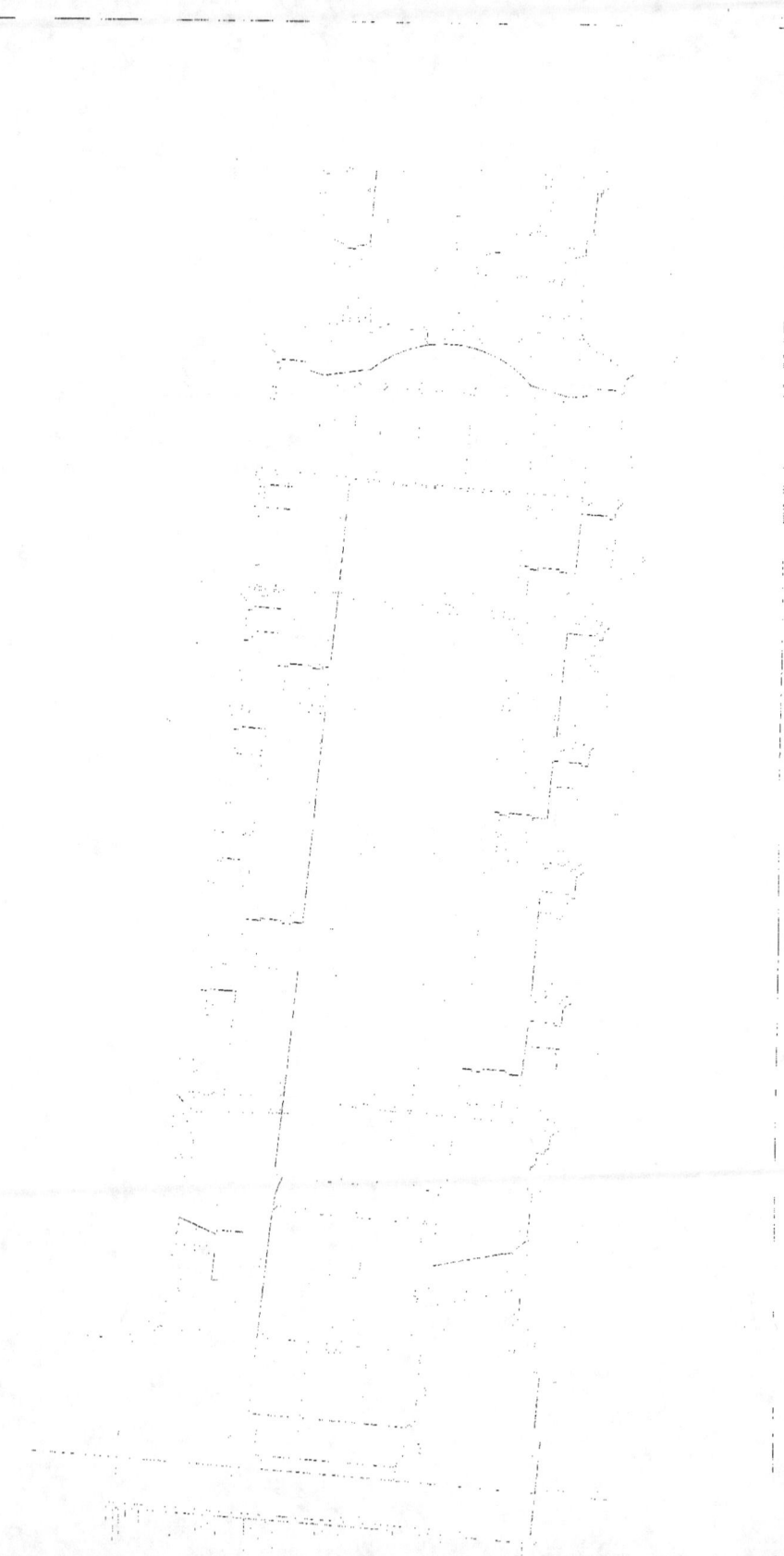

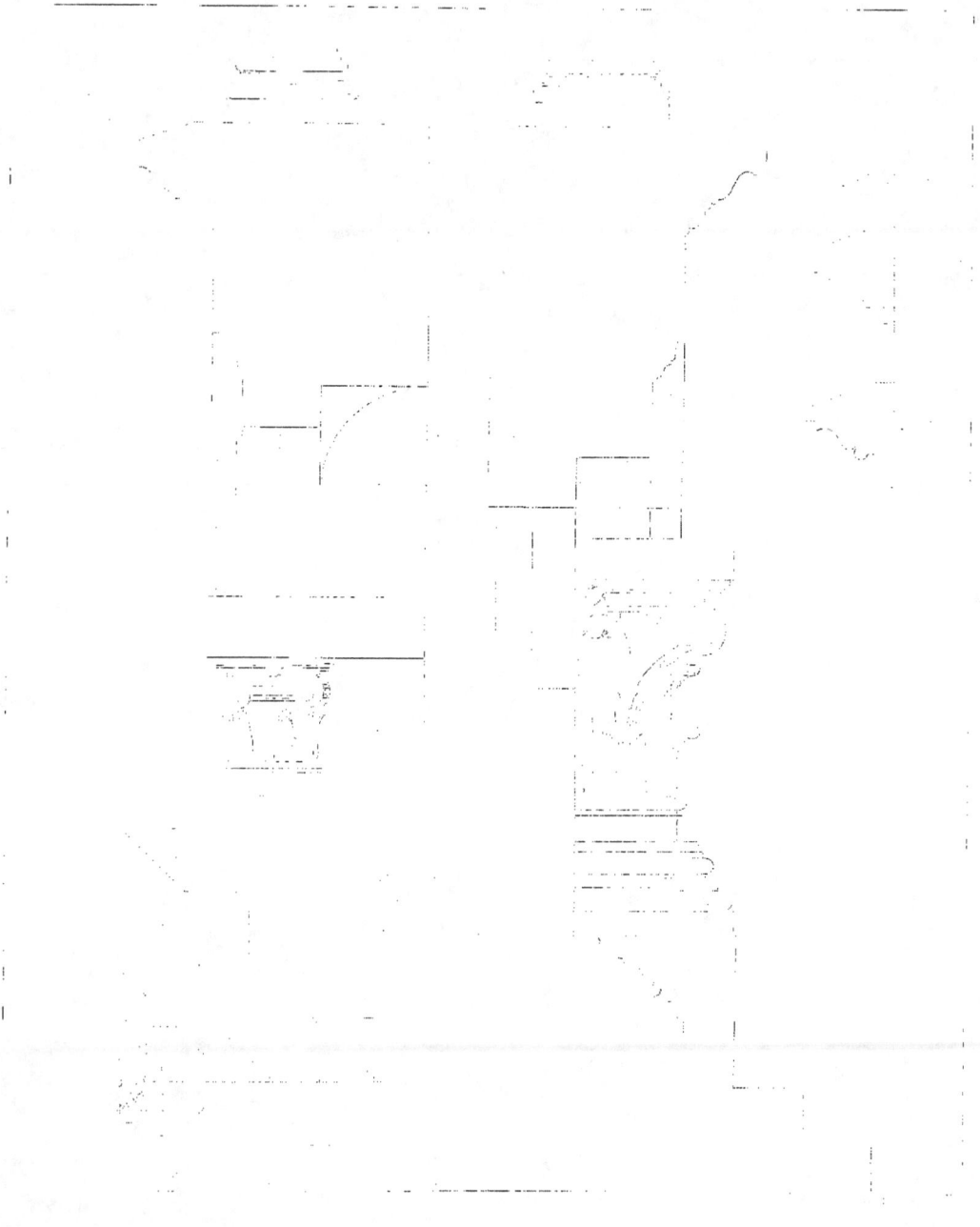

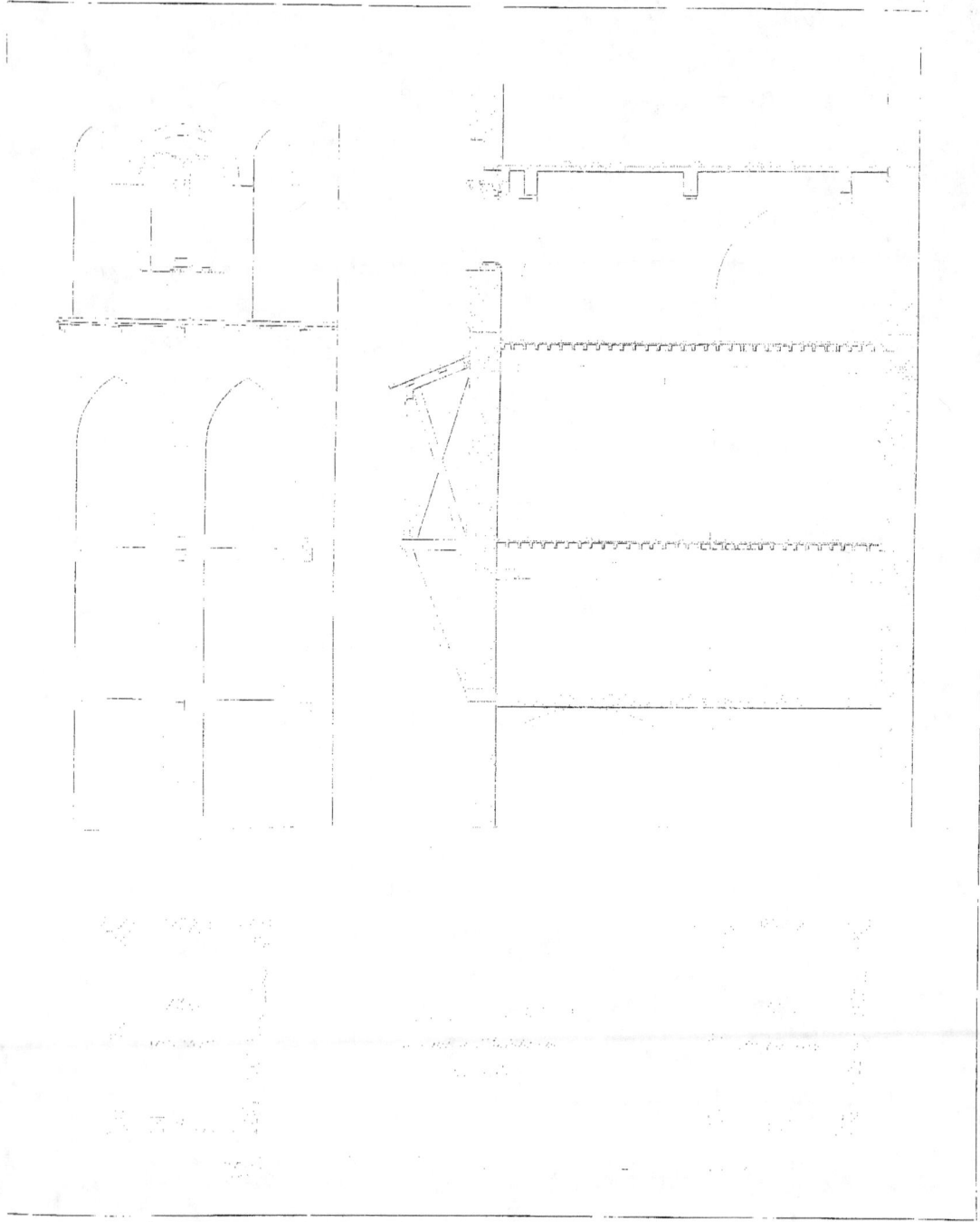

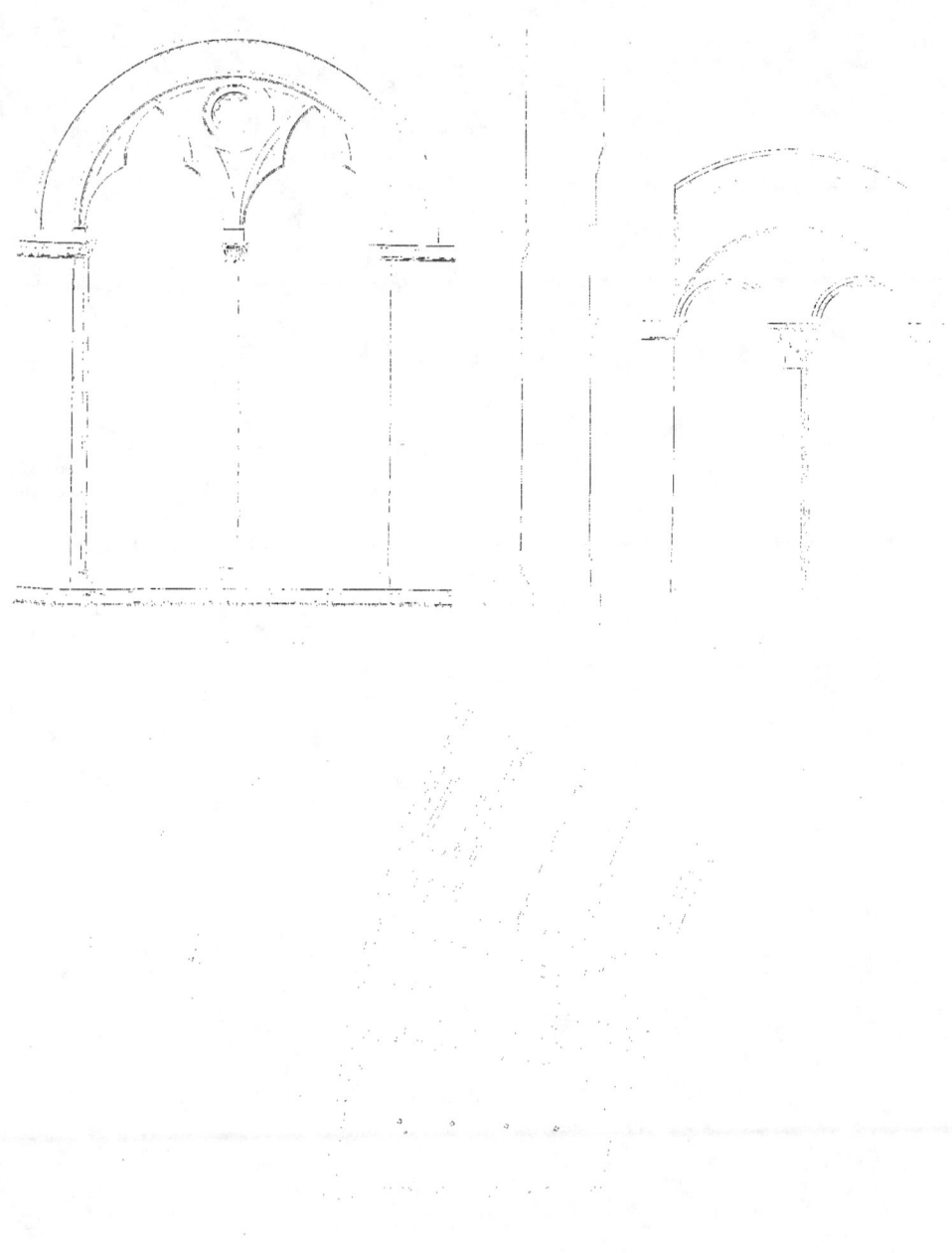

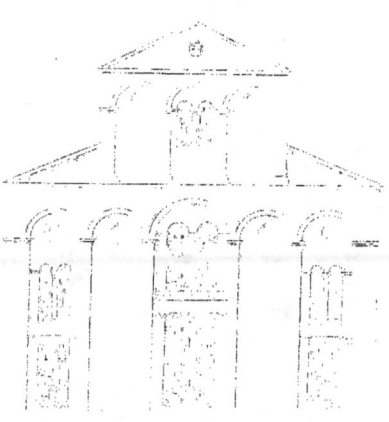

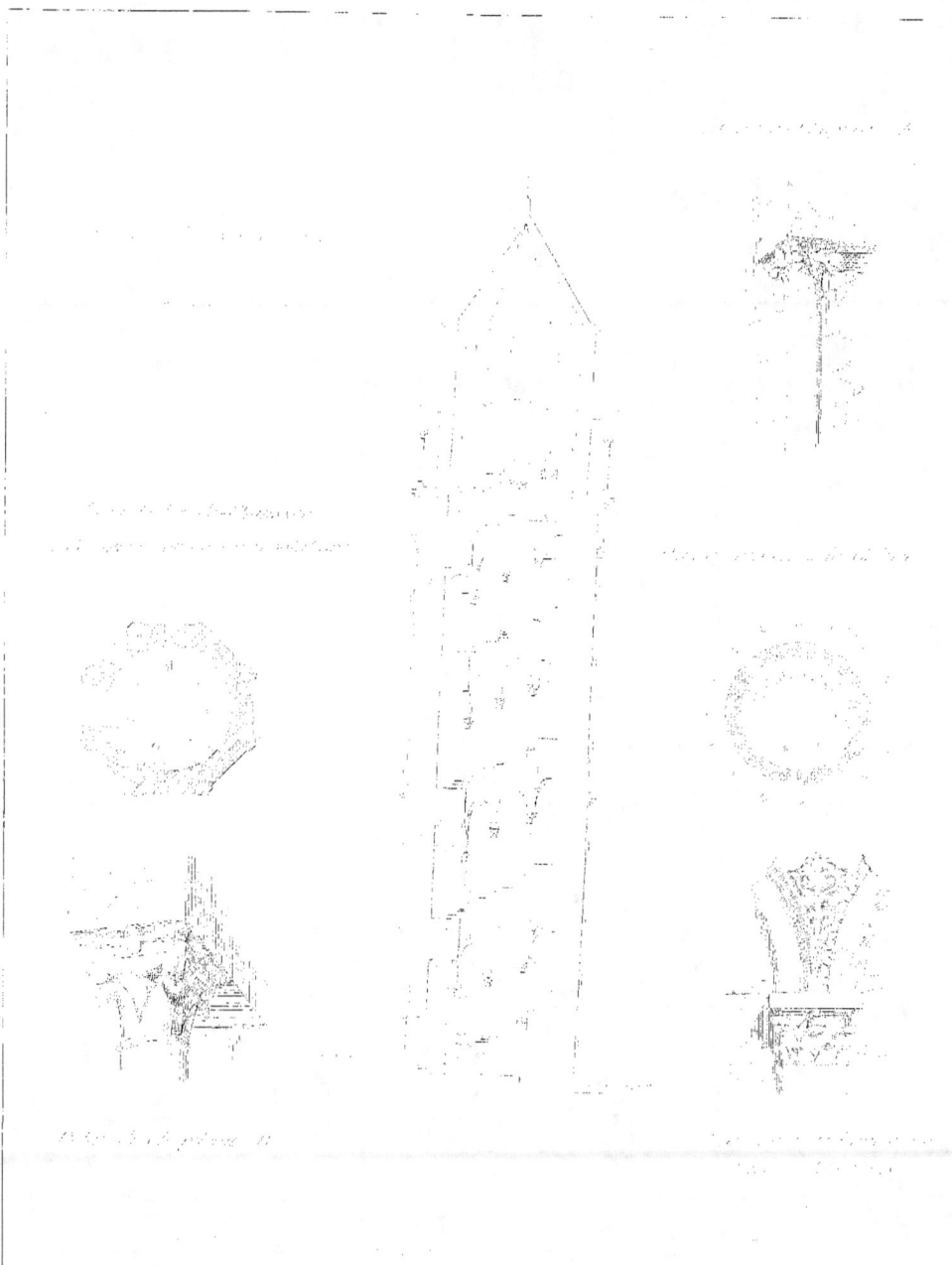

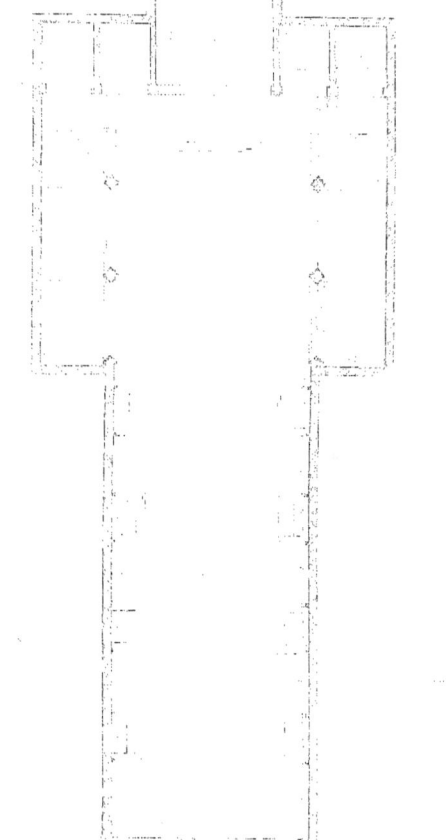

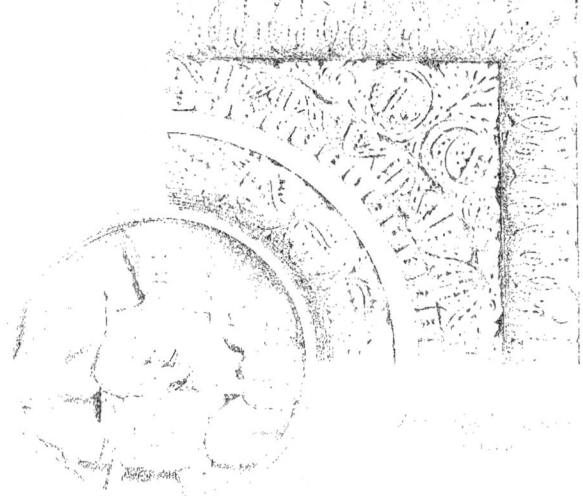

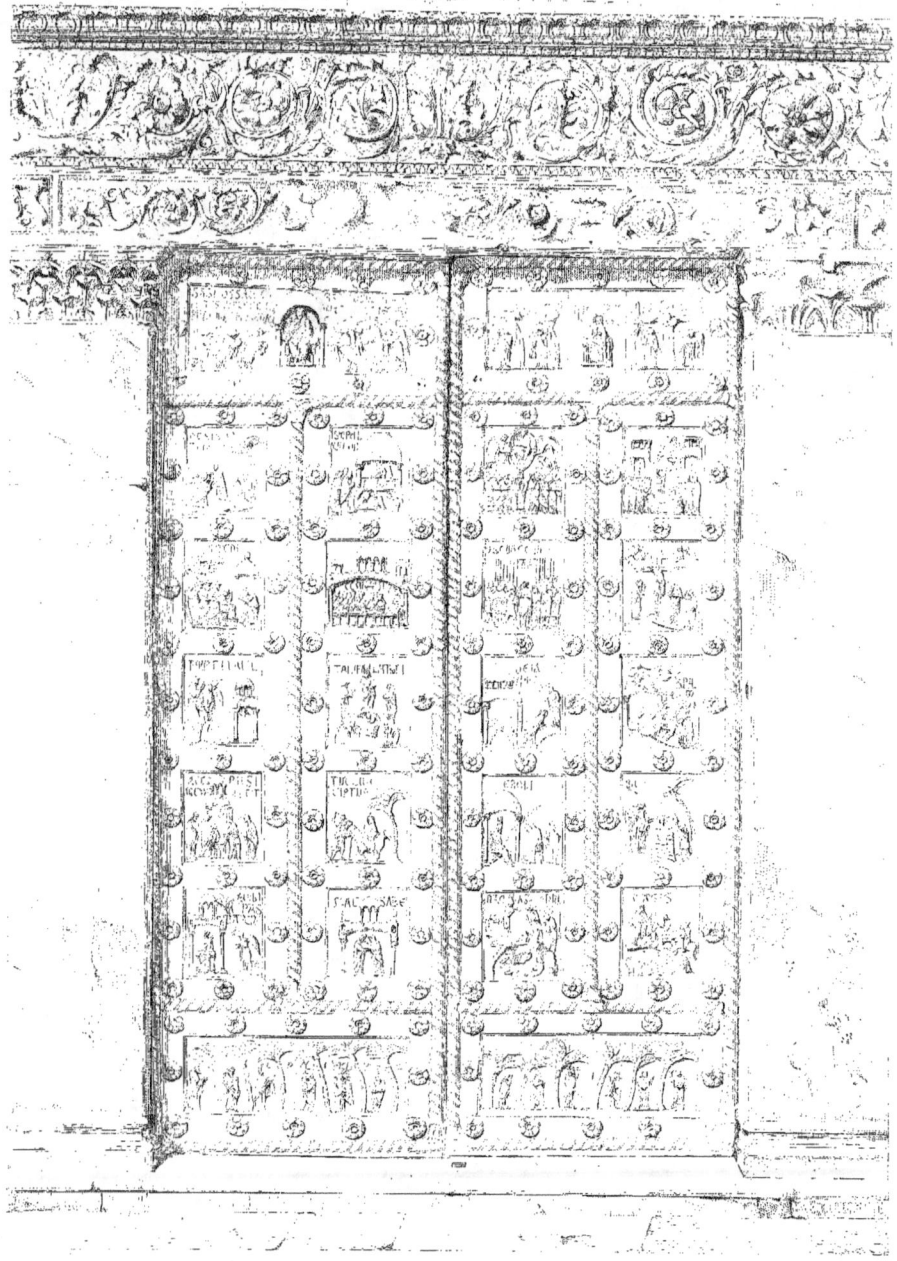

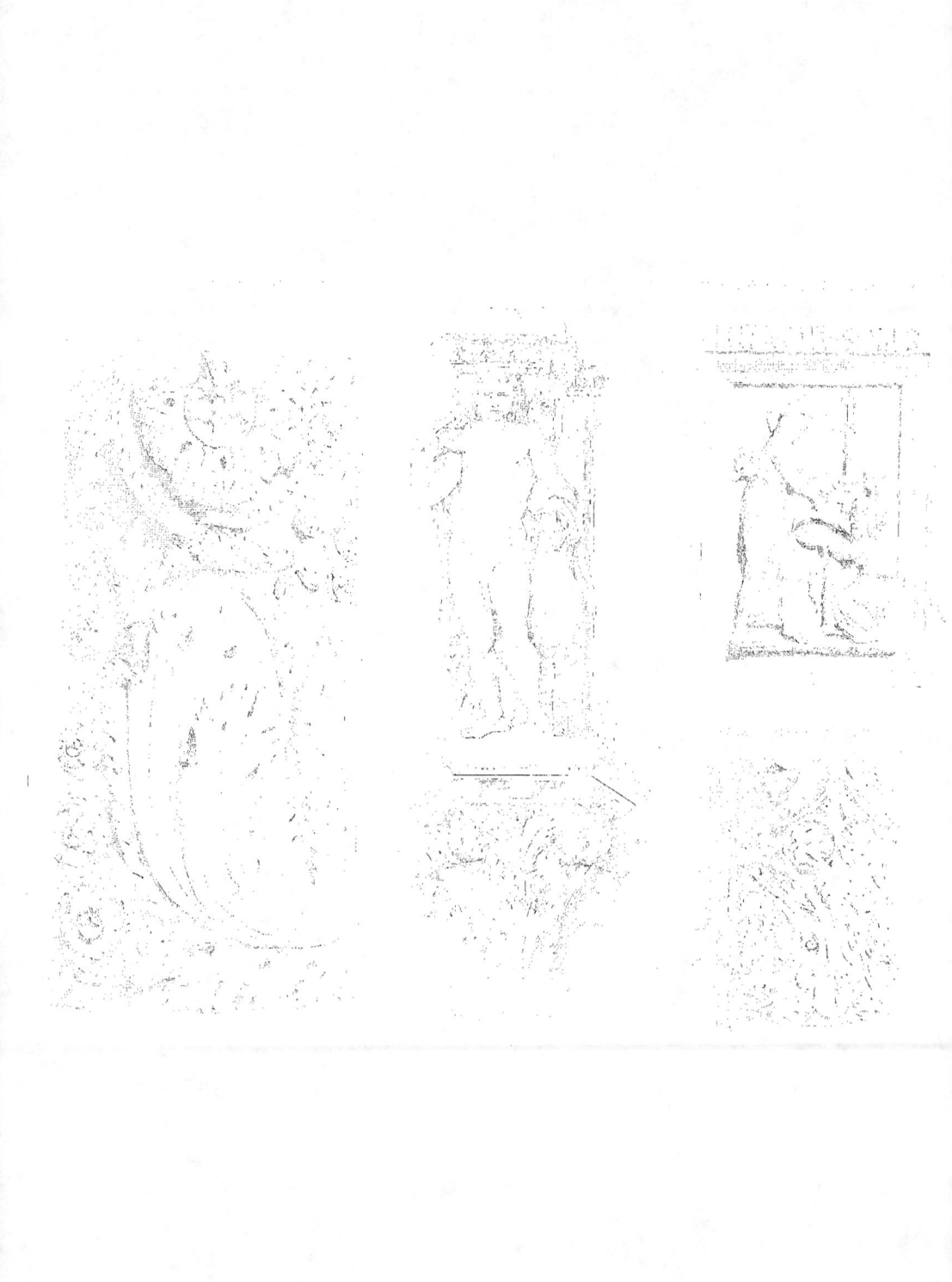

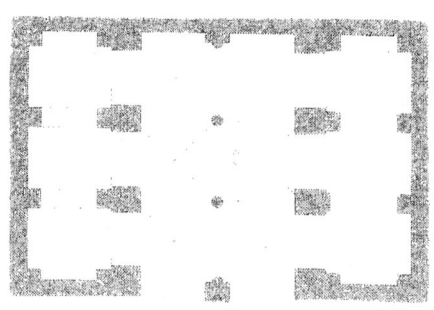

www.ingramcontent.com/pod-product-compliance
Lightning Source LLC
LaVergne TN
LVHW022113080426
835511LV00007B/797